ARQUIPÉLAGO dos *Pacíficos*

Roberto de Carvalho

ARQUIPÉLAGO dos Pacíficos

Aliança

1ª edição, Julho/2012, do 1º ao 3º milheiro

Título
Arquipélago dos Pacíficos

Autor
Roberto de Carvalho

Revisão
Maria Dolores D. Sierra Mata

Diagramação
Alline Garcia Bullara

Capa
Alline Garcia Bullara

Ilustrações
Marcelino Tristan Vargas

Impressão
Editora Parma Ltda

Ficha Catalográfica

Dados Internacionais de Catalogação na Publicação (CIP)
— Câmara Brasileira do Livro / SP / Brasil —

Carvalho, Roberto de
Arquipélago dos Pacíficos / Roberto de Carvalho;
São Paulo: Editora Aliança, 2012.

ISBN: 978-85-88483-82-8 / 136 páginas

1. Ficção brasileira I. Título.

12-07592 CDD - 869.93

Índice para catálogo sistemático:

1. Ficção: Literatura brasileira 869.93

Editora Aliança
Rua Major Diogo, 511 - Bela Vista - São Paulo - SP
CEP 01324-001 | Tel.:(11) 2105 2600 | Fax: (11) 2105 2626
www.editoraalianca.com.br | editora@editoraalianca.com.br

Este livro é dedicado
às pessoas que acreditam
na imortalidade do amor.

" O AMOR é a única liberdade que existe, porque eleva tanto o Espírito, que as leis da humanidade e os fenômenos da natureza não podem alterar o seu curso. "

Kahlil Gibran

Sumário

A história da história

Era um dia de sábado. Por uma razão que no momento me foge à memória, encontrava-me sozinho. Era inverno e o tempo estava chuvoso e muito frio. Como não havia nenhum compromisso que me obrigasse a sair de casa, passei o dia todo de pijama, lendo, rabiscando alguns versos, assistindo televisão e cochilando.

A noite chegou sem que o tempo houvesse melhorado e eu continuava solitário. Concluí que o melhor a fazer seria dormir. Mas, dormir como? Meu corpo estava completamente descansado e nenhum sinal de sono me rondava o travesseiro.

Convencido de que não iria mesmo pegar no sono, comecei a escrever algumas palavras desconexas. Inicialmente, não tinha a menor noção do que viria a seguir, mas, de repente, as ideias começaram a fluir com clareza e os capítulos foram surgindo sequencialmente, sem atropelos ou titubeios.

Fiquei tão envolvido com a escrita, que não senti o tempo passar. Somente quando coloquei a palavra "fim" abaixo do vigésimo capítulo, foi que notei que eram 6 horas da manhã de domingo. Cerca de oito horas de escrita ininterrupta, sem qualquer programação prévia para a tarefa.

Eu havia passado a noite toda imerso no mágico universo do protagonista, emocionado com os seus dramas, vibrando com as suas conquistas, já que a impressão que tive foi a de que o personagem possuía vida própria. Foi assim que surgiu o *Arquipélago dos Pacíficos*. Passei o domingo entusiasmado, lendo e relendo a história, feliz pela inesperada realização.

Depois, ocupei-me de outras escritas, a obra caiu no esquecimento e passou por um longo período de hibernação, enfiada num amontoado de papéis que se avolumavam em minhas gavetas.

Muito tempo depois, num dia em que andava revirando as gavetas em busca de alguma anotação, caíram-me aos pés os originais do *Arquipélago dos Pacíficos*. Parei o que estava fazendo e, numa atitude quase automática, sentei-me e reli a história. Voltei a experimentar a mesma emoção da noite solitária em que a havia escrito e, naquele exato momento, tomei a decisão de enviá-la a algumas editoras. Antes, porém, perguntei ao querido amigo, professor Marcelino Tristan, talentoso e sensível artista plástico, se poderia ilustrá-la. Ele aceitou o convite e fez um belíssimo trabalho. Algum tempo depois, fiquei feliz em saber que a Editora Aliança havia decidido publicar o livro.

Espero, caro leitor, que esta obra possa de alguma forma tocar a sua sensibilidade e inserir um pouco mais de amor à sua vida, pois é um livro edificado sobre pilares afetivos e deve ser lido com os olhos do coração.

Boa leitura!

Roberto de Carvalho

Capítulo 1

Vertigem

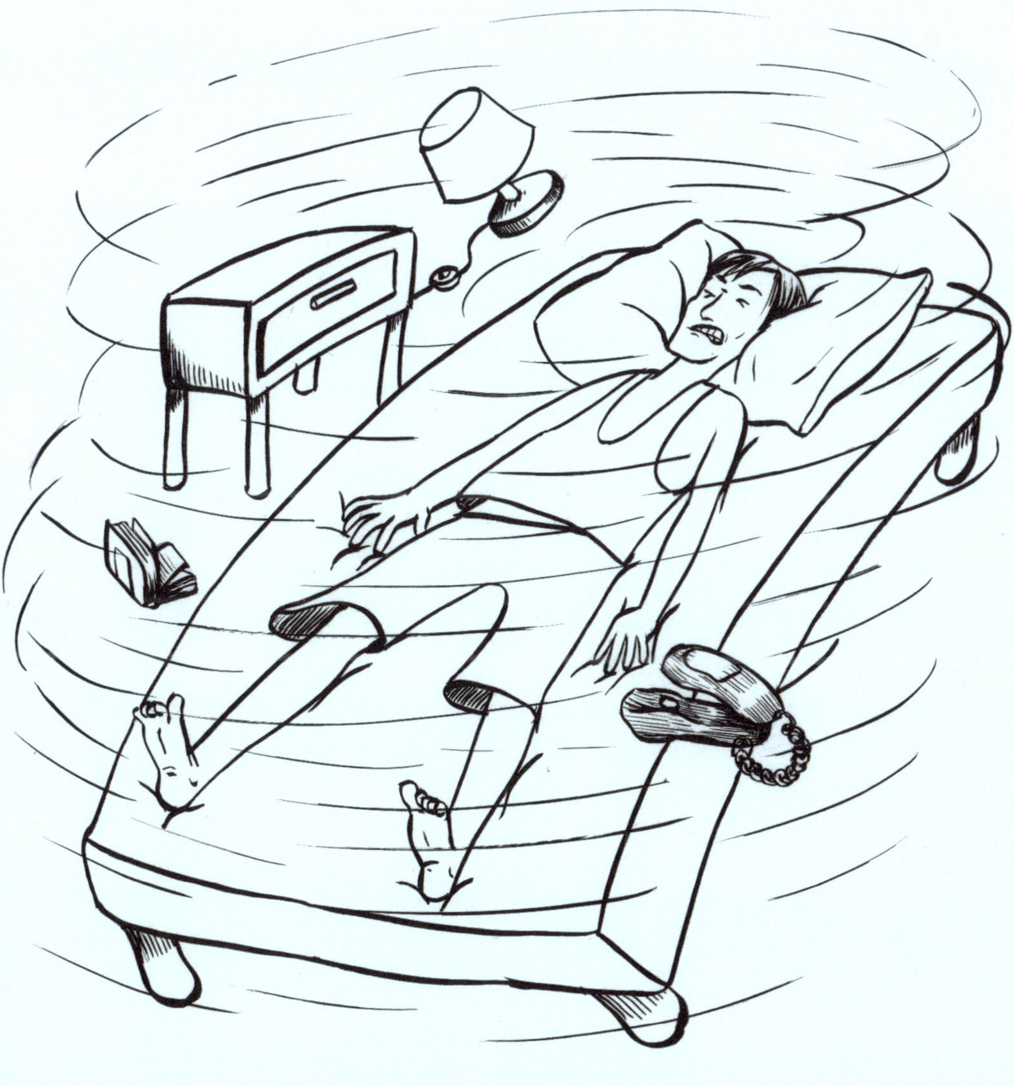

A noite daquela segunda-feira deveria ser exatamente como todas as outras, pois nada de anormal havia acontecido comigo durante o dia. Eu havia saído de casa às 8 horas da manhã, cumprido a minha rotina no escritório e enfrentado os mesmos desafios cotidianos, relacionados às atribuições dos executivos das grandes empresas.

Lembro-me de haver saído do escritório no horário de sempre ao final do expediente e de haver chegado em meu apartamento, onde vivia solitariamente, por volta das 20 horas. Depois de um banho morno e relaxante, fiz uma rápida refeição, enquanto assistia ao noticiário na TV e, por volta das 22 horas, recolhi-me para dormir.

Como ainda não estivesse com sono, apanhei um dos livros que mantenho sempre à cabeceira e fiquei lendo até que, de repente, tudo se apagou.

Tive a sensação de haver sido atirado em uma centrífuga gigante, que me deixou muito atordoado. As coisas pareciam girar em torno de mim com uma velocidade incrível.

Pensei em apanhar o telefone e ligar para algum conhecido, pedindo ajuda, mas meu corpo estava completamente imóvel. Considerei a possibilidade de gritar por socorro, mas minhas cordas vocais também não me obedeciam. Eu chegava a sentir a contração dos músculos da garganta, mas não conseguia emitir som algum.

Então, convenci-me de que estava no meio de um pesadelo e achei melhor relaxar. Por piores que sejam, os pesadelos sempre chegam ao fim, concluí.

Mas eu só consegui recuperar essas lembranças muito mais tarde, pois, enquanto estive enleado naquele redemoinho vertiginoso, tive a impressão de que todos os registros armazenados em minha memória tivessem sido destruídos.

Foi como se alguém tivesse apagado tudo o que havia em minha mente e ela houvesse se transformado em um imenso quadro-negro, completamente vazio.

Não sei quanto tempo durou aquela vertigem e aquele apagão mental. Mas, de repente, as coisas foram se acalmando. O redemoinho já não girava com tanta velocidade, embora uma dor de cabeça absurda quase me levasse à loucura.

Pensei em abrir a gaveta do criado-mudo e apanhar um dos analgésicos que eu mantinha sempre à mão, já que nos últimos tempos, aquelas dores de cabeça haviam se tornado uma rotina. Mas era inútil; eu não conseguia mover os braços.

Concluí que a dor fazia parte do pesadelo e, mais uma vez procurei relaxar, esperando apenas que aquele sonho ruim acabasse logo.

Capítulo 2

O estranho

Apreensivo, notei que o pesadelo não seria tão passageiro quanto eu esperava. Quando dei por mim, estava em um lugar que me pareceu distante de tudo e eu não fazia a menor ideia de como havia chegado ali.

Encontrava-me em uma praça descampada e solitária. A paisagem não me parecia totalmente estranha, mas também não me era muito familiar. Havia uma espécie de nevoeiro que deixava tudo nublado à minha volta e eu não sabia se era uma cerração real, se fazia parte do cenário daquele pesadelo, ou se era fruto de alguma deficiência em minhas retinas.

Com a limitação visual que o nevoeiro provocava, não dava para definir se o dia estava iniciando ou terminando. O clima era ameno, de modo que eu não sentia frio nem calor e o silêncio que reinava no ambiente só era interrompido, vez ou outra, por uns gorjeios de pássaros que me chegavam aos ouvidos, provindos de um pequeno bosque, cujas árvores podiam ser vistas em silhuetas acinzentadas no meio da névoa.

Outro ruído, parecendo vir de uma distância maior, era o movimento das ondas do mar explodindo contra as pedras de um possível cais.

Eu tinha a impressão de estar sonolento, mas, na verdade, não tinha a menor vontade de dormir. Minhas pálpebras não estavam pesadas e eu permanecia de pé, apesar de o gramado sob os meus pés representar um convidativo tapete, onde eu poderia sentar ou até me deitar, se quisesse. A dor de cabeça, embora menos intensa, continuava me perturbando.

Eu já pensava em sair dali, dar uma volta de reconhecimento, tentar chegar ao mar... Mas, de repente, alguém, surgido do nada, veio em minha direção.

Ao se aproximar, notei que se tratava de um homem desconhecido. Usava um terno verde-claro e sorria com ternura. Por seus cabelos grisalhos, calculei que tivesse uns sessenta e poucos anos de idade, embora a postura muito ereta e o fato de estar carregando nos ombros uma pesadíssima mochila de lona, me fizesse reconsiderar o cálculo para bem menos.

Chegou muito próximo de mim e cumprimentou-me sorridente, como se fôssemos velhos conhecidos.

— Como vai, meu rapaz? – disse, estendendo a mão.

Retribuí o aperto de mão sem responder ao cumprimento. Estava intrigado e, embora não me sentisse ameaçado com a presença dele, era inevitável que ficasse meio desconfiado.

— Sossegue! – disse ele, como se houvesse adivinhado os meus pensamentos. — Não precisa ter medo de mim. Sou inofensivo. – e encerrou o comentário bem humorado com uma contagiante risada.

Depois, começou a falar uma porção de coisas que naquele momento me interessaram e me prenderam a atenção. Não sei se foi exatamente o assunto, ou se foi o seu sereno e pausado tom de voz que me tranquilizou profundamente, aliviando de vez a minha dor de cabeça.

Percebi que estava diante de uma pessoa de bem e passei a confiar nele. Procurei ser simpático, interagir com ele, mas meus pensamentos estavam bastante confusos e, por mais que tentasse, eu não conseguia organizá-los.

Ele percebeu minha aflição. Sentou-se no gramado, depôs a grande mochila que trazia nos ombros, recostou-se nela e me convidou a sentar também.

Acomodados, o homem apanhou um fiapo de capim e começou a girá-lo, friccionando-o entre os dedos polegar e indicador. Olhando para o movimento rotativo do pequeno vegetal, disse-me:

— Meu rapaz! Por algum motivo, você está sofrendo uma espécie de amnésia e não consegue se lembrar de nada, não é?

Eu confirmei com um movimento de cabeça e ele continuou.

— Então, eu vou ajudá-lo a se lembrar de algumas coisas. Vamos falar um pouco de você.

E, jogando longe o fiapo de capim, como se atirasse um dardo, encarou-me com serenidade e passou a me dar alguns esclarecimentos.

Capítulo 3

O passado

A perspectiva de que aquele mistério fosse desvendado animou-me.

— Nós estamos numa pequena cidade, à beira-mar. Você nasceu aqui e teve uma triste história de vida, em sua infância – disse-me o estranho.

Encarei-o, demonstrando interesse na conversa. Ele sorriu e continuou:

— Seu pai, como a maioria dos homens que vivem nesta região, tirava do mar o sustento da família; ora pescando, ora promovendo viagens turísticas. Ele e sua mãe se amavam muito e se casaram ainda jovens. Logo após o casamento, sua mãe engravidou e o seu nascimento deixou-os muito felizes. Quando você estava com cinco anos, seu pai precisou fazer uma curta viagem de barco e sua mãe pediu para ir junto. Vocês três estavam a bordo quando foram surpreendidos por uma violenta tempestade de verão. O barco ficou totalmente descontrolado, foi arremessado contra os rochedos e vocês desapareceram. Acionada uma equipe de busca, seus pais foram encontrados mortos no dia seguinte, mas você, milagrosamente sobreviveu, tendo sido encontrado amarrado a uma boia salva-vidas. Estava ferido, desidratado, e deu muito trabalho para a equipe médica, mas, acabou se salvando.

Senti um arrepio na espinha, diante daquela informação.

— Quer dizer que fiquei órfão de pai e mãe aos cinco anos?

— Exatamente! – disse-me ele, com um sorriso triste que sugeria compaixão.

— Então, eu vivi sozinho nesta cidade?

— Não. Você foi adotado por uma tia, irmã do seu pai, e foi criado numa casa bem modesta, numa vila de pescadores. Várias pessoas viveram lá com você. Esforce-se um pouco, tente se lembrar deles.

Forcei ao máximo a memória e comecei a me lembrar daquelas pessoas. Aos poucos, algumas imagens foram se projetando e rostos familiares começaram a tomar forma em minha mente.

Visualizei minha tia, pequenina e magra, a cabeça sempre coberta com lenços de estampas floridas. Vi meu tio, um pouco mais velho que ela, calvo e espigado. Vi duas mulheres que identifiquei como primas e três homens, sendo que um era meu primo e dois eram maridos de minhas primas. Havia também algumas crianças que moravam na mesma casa e que me chamavam de tio.

— É! Pelo jeito, estou muito bem servido de parentes – comentei ironicamente.

Ele sorriu.

— Você teve sorte, rapaz! Afinal, não ficou totalmente órfão.

— Lei da compensação? – continuei ironizando.

E foi justamente a ironia desse comentário, feito com tanta naturalidade, que me fez perceber o quanto havia de revolta em meu coração. Uma velha mágoa, alicerçada no inconformismo pela precoce orfandade, reacendeu implacavelmente dentro de mim.

Meu amigo também deve ter notado, pois me olhou com certa compaixão. Colocou as mãos em meus ombros e, sorrindo amavelmente, disse-me:

— Procuremos remontar suas lembranças, com tranquilidade. Seus sentimentos estão meio adormecidos dentro de você. Vamos despertá-los com calma, está bem?

Eu tentei corresponder àquele sorriso, mas devo ter, no máximo, exibido um semblante de desapontamento, enquanto meneava afirmativamente a cabeça num movimento quase automático.

O despertar daquele sentimento de revolta em meu coração não havia me feito nada bem.

Capítulo 4

Dinheiro

Eu e aquele homem continuávamos sentados no gramado. Após notar que o meu sentimento de revolta havia se acalmado, ele apontou para a mochila de lona, na qual estava recostado, e disse:

— Isto lhe pertence.

Encarei-o, desconfiado.

— O que é?

— Vamos, pegue! Não tenha medo de pegar o que foi conquistado por seus méritos, rapaz! – falou, empurrando a mochila em minha direção.

Estiquei o braço direito e tentei erguê-la, mas ela estava muito pesada. Então, apenas a arrastei para perto de mim.

— Não vai olhar o que tem aí dentro? – perguntou, ao notar a minha hesitação.

Sem muita convicção, abri o zíper. De repente, arregalei os olhos, espantado. Minha boca escancarou-se num gesto involuntário e a única coisa que consegui balbuciar foi um longo e incrédulo "*oooooh!*".

Meu amigo sorriu com brandura e acenou a cabeça, como se já esperasse por aquela reação.

— Mas... – murmurei, após recuperar o controle da voz. – O que significa isso?

— Pergunta desnecessária! – brincou ele.

Sorri sem graça.

— É claro! É claro! Estou vendo que se trata de uma fortuna. Notas novíssimas de alto valor. – alisei os maços de notas, que exalavam um cheiro agradável de tinta fresca. Uma quantidade imensa.

— Esta é a única resposta cabível. Por isso eu disse que a pergunta era desnecessária!

— Está certo, mas o que quero saber é: por que você está me entregando isto?

— Por que lhe pertence, ora!

— Como me pertence? Nada fiz para merecer este dinheiro...

Então, ele pousou novamente as mãos sobre os meus ombros e falou:

— Ora, meu filho! O fato de você não se lembrar, não lhe torna imerecedor da fortuna conquistada à custa do seu sacrifício. Neste momento, você não se recorda, mas, acredite, esse dinheiro é verdadeiramente seu. Do contrário, por que eu o entregaria a você?

Eu continuava boquiaberto. Meus olhos bailavam hesitantes, ora olhando para o conteúdo da sacola, ora para a face serena daquele enigmático homem.

— Fique sossegado, rapaz! – confortou-me. – Deixe de teimosia e pegue o que é seu.

Deu uma palmadinha carinhosa em meu rosto.

— Você fez por merecer, acredite!

— Mas, é muito dinheiro! O que vou fazer com isto? – perguntei pateticamente.

— Faça o que quiser! O dinheiro é seu por direito e só você pode dar a ele uma destinação. Realize seus sonhos! Você pode comprar as coisas que deve ter desejado possuir: uma casa na praia, um belo carro, um iate... – disse, com um sorriso malicioso.

Depois me encarou mais seriamente.

— Ou, sei lá... Pode ajudar os seus parentes...

Esta última proposta me pegou de surpresa. Na verdade, soou desagradavelmente aos meus ouvidos. Agora eu já não me preocupava em saber como aplicar o dinheiro, mas em como fazer para que ele não caísse nas mãos dos meus familiares, pois suas imagens se formaram mais detalhadamente em minha memória. Comecei a decifrar-lhes as personalidades e suas principais características não me pareceram nem um pouco confiáveis.

Lembrei-me que minha tia era hipocondríaca, viciada em remédios, e certamente me faria gastar um dinheirão com suas doenças fictícias, em intermináveis vias-sacras a consultórios caríssimos e na aquisição de remédios inúteis de altíssimo custo.

Lembrei-me também que meu velho e espigado tio era um alcoólatra inveterado. Ele bebia todos os dias, como se cada dia fosse o último da sua vida. Concluí que, se tivesse dinheiro sobrando, o miserável ampliaria drasticamente o seu vício e eu seria responsável por sua perdição.

Quanto às primas, recordei-me que, por comerem em demasia, eram obesas. E, o pior, é que não se conformavam com a obesidade que elas próprias provocavam. Por isso, viviam sonhando com cirurgias de lipoaspiração e procedimentos milagrosos para redução de gorduras. Tratamentos que só não realizavam por falta de dinheiro. Deduzi que elas me tomariam grande parte da fortuna com intervenções clínicas que de nada adiantariam, pois não tinham a menor disposição para fazer dieta ou exercícios físicos.

Os homens da casa eram preguiçosos, acomodados e farristas. Viviam desempregados, apenas reclamando da miséria que a vida lhes representava e só não eram mais irresponsáveis e arruaceiros por falta de dinheiro. Se eu os suprisse de recursos, estariam irremediavelmente perdidos, concluí.

E as crianças? Ah, as crianças! Essas eram piores que um bando de gafanhotos num mimoso campo de plantação. Devoravam tudo que viam pela frente e jamais se davam por satisfeitas. De modo que meu rico dinheirinho teria vida muito curta se caísse em suas mãos, pensei.

Assim, cheguei à conclusão que, embora sendo uma quantia considerável, o dinheiro poderia ser torrado rapidamente, se dividido entre meus parentes e, pior ainda, em vez de ajudar, acabaria atrapalhando ainda mais as suas miseráveis existências.

Estava decidido: não daria nada a ninguém, e ponto final!

Capítulo 5

A fuga

Esses pensamentos devem ter me ocorrido numa fração de segundos e quando voltei a olhar para o meu estranho amigo, ele estava sorrindo, como se tivesse ouvido minhas elucubrações e compreendido a razão de minhas preocupações.

— Então, já decidiu o que fazer? – perguntou, dando-me a oportunidade de ser sincero.

— Ainda não. – menti.

— Talvez, você prefira ir embora daqui. Desfrutar sua fortuna bem longe deste lugar... – disse, deixando claro que não havia engolido a farsa.

Achei a proposta bem razoável. Ele esperou mais alguns segundos e voltou a questionar-me:

— Desculpe-me por estar sendo tão insistente, meu amigo. Mas é importante que você decida logo o que vai fazer.

Mas, estranhamente, eu não estava irritado com aquela insistência. Não tinha muita noção do que estava acontecendo, mas, além de haver me livrado daquela incômoda dor de cabeça, eu havia acabado de receber uma mochila abarrotada de dinheiro e me sentia grato demais para contestar qualquer coisa.

— O que você sugere? – perguntei-lhe.

Ele meneou a cabeça horizontalmente.

— Sinto muito, meu rapaz, mas neste caso eu não posso e não devo opinar. A decisão é exclusivamente sua.

Lamentei, pois, apesar de já haver decidido não ajudar os meus parentes, eu queria muito ouvir a opinião dele. Estávamos juntos há pouco mais de meia hora e eu já me sentia bem afeiçoado ao meu novo e misterioso companheiro.

— Talvez eu deva mesmo ir embora – respondi, por fim.

Ele me olhou com um ar de mofa. Piscou o olho direito e disparou:

— Assim você não terá de dividir seu dinheiro com ninguém, não é?

Por um momento, senti-me envergonhado. Ele estaria me acusando de ser egoísta? Tentei me justificar.

— Olha, se eu tivesse certeza de que os meus parentes se contentariam com uma quantia razoável de dinheiro... Se eu tivesse garantia de que não exigiriam ainda mais do que eu possa lhes dar... Que não me perseguiriam... Se soubesse que o dinheiro não serviria para ampliar os seus vícios...

— Você os ajudaria, não é? – interrompeu-me ele.

— Com toda certeza! – Caprichei na exclamação, tentando parecer convincente.

— Mas, não há garantia alguma...

— Eu sei. E é isto que está me deixando preocupado.

— Preocupado, por quê?

— Pergunta desnecessária! – retruquei.

— Não. Esta pergunta não é desnecessária, porque pode ter mais de uma resposta. Você está preocupado com você, com eles, ou com o dinheiro?

— Como assim?

— Bom, se a preocupação for com os seus parentes, é melhor que os ajude; se for com você, é melhor que vá embora e desfrute sozinho desse privilégio; agora, se a preocupação for com a utilidade que dará ao dinheiro, talvez seja melhor que abra mão dele...

— Abrir mão dele? Mas, você não disse que eu fiz por merecê-lo? Que ele é legitimamente meu? – interroguei, dando ênfase às palavras "eu" e "meu" para deixar bem claro quais eram as minhas intenções.

— Claro! Claro! Mas, isso não quer dizer que você seja obrigado a usá-lo...

— Esta hipótese está descartada – respondi com firmeza. – Quero desfrutar o que me pertence – concluí, dando ênfase ao "me".

— Está bem, mas não precisa se sentir tão culpado por isso! – respondeu-me, sempre com aquele sorriso enigmático e uma serenidade constrangedora nos olhos.

Apontou para a direita de onde estávamos e perguntou:

— Você sabe o que existe naquela direção?

Olhei para o lugar indicado e não vi nada a não ser a silhueta cinzenta das árvores do pequeno bosque. Eu realmente não me lembrava daquela paisagem e o nevoeiro não me oferecia um grande alcance de visão.

— Não faço a menor ideia.

— Ali, atrás daquele bosque, fica o ancoradouro. É um cais antigo onde, no passado, só atracavam pequenos barcos. Mas, depois foi ampliado e agora recebe navios turísticos dos mais longínquos lugares.

Lancei para ele um olhar interrogativo.

— E daí?

— Daí que, se você quiser ir embora, o momento é este. Há um navio que parte daqui a pouco e você poderá embarcar nele.

— É tão simples assim? E a burocracia que envolve o embarque? Eles vão me exigir uma série de documentos...

Meu amigo sorriu confiante.

— Não se preocupe com isto! – piscou o olho, numa atitude de cumplicidade. — Sou amigo do comandante. E, para ser mais exato, eu também vou embarcar nesse navio.

— O quê? Você vai embarcar?

— Sim. Se você quiser, poderemos viajar juntos.

Tentei inutilmente coordenar os pensamentos. Quanto mais tentava organizá-los, mais eles se confundiam. Desisti de continuar tentando e apenas perguntei:

— Para onde esse navio está indo, afinal?

— Que importa? – respondeu-me com outra pergunta. — O importante é que você irá para onde não o conhecem. Um lugar onde poderá recomeçar a vida sem precisar dar satisfações a ninguém.

Apesar da incapacidade de raciocinar com clareza, procurei analisar a proposta e ela me pareceu interessante. Afinal, com todo aquele dinheiro, eu realmente teria condições de recomeçar a vida em qualquer parte do mundo.

— Está bem! – falei, decidido. — Quero ir embora.

— Então, vamos! – disse ele, levantando-se e estendendo o braço para me ajudar a erguer.

E, silenciosamente, caminhamos em direção ao ancoradouro.

Capítulo 6

O navio

O embarque ocorreu sem qualquer contratempo. Menos de uma hora depois, já estávamos instalados em uma modesta, porém confortável cabina, com banheiro individual e mobília básica: uma pequena mesa redonda, duas cadeiras, um armário e um beliche com colchões macios, cobertos por perfumadas roupas de cama.

Estranho é que, mesmo sabendo que estava dentro de um navio, com uma grande tripulação e vários passageiros a bordo, meu universo se resumia àquela cabina e ao contato com o meu companheiro de viagem. Aquilo era tudo o que me interessava e prendia a atenção. Era como se as outras pessoas – embora estivessem ali e eu pudesse vê-las em silhuetas apagadas em meio ao incessante nevoeiro – representassem apenas a figuração de um filme, onde nós dois éramos os personagens centrais e apenas o ambiente onde estávamos pertencesse ao primeiro plano da filmagem.

Eu já havia desistido de tentar entender o que estava ocorrendo. Toda vez que tentava aclarar as minhas ideias, enfiava-me em um estonteante torvelinho que deixava os acontecimentos ainda mais obscuros.

A única certeza que eu tinha era a de que meu novo amigo representava, naquele momento, uma tábua de salvação em meio ao confuso oceano psíquico em que eu me encontrava.

Apesar de toda a confusão mental, algo em mim dizia que aquela experiência era muito importante e que o homem, que aparecera abruptamente em minha vida e que me tratava com tanto desvelo, possuía a chave de todo aquele mistério.

Mas eu sabia também que deveria ter paciência, deixar as coisas fluírem naturalmente. E era a tranquilidade transmitida pela voz suave e pelos olhos serenos daquele homem que me dava esta certeza.

Permanecemos a bordo do misterioso navio sem que eu me preocupasse com o tempo, sem que ficasse contando os minutos, as horas e os dias. Eu e meu companheiro permanecíamos a maior parte do tempo na cabina. Nossas refeições eram servidas ali mesmo e ele sempre se encarregava de receber o tripulante que a levava, de modo que eu nunca pude ver o rosto da pessoa que nos servia. Apenas ouvia sua voz, respondendo ao agradecimento cordial que meu amigo sempre fazia.

Quando nos silenciávamos, eu ficava fazendo planos, pensando na melhor maneira de aplicar o meu dinheiro. A preocupação com a mochila que ali estava, trancada no pequeno armário que havia na cabina, ocupava boa parte dos meus pensamentos.

Somente quando pensava no dinheiro, eu conseguia refletir com um pouco mais de lucidez e isto me deixava muito excitado. Aliás, somente nessas horas é que me invadia certa ansiedade, o desejo de que o navio chegasse logo ao destino, para que eu pudesse recomeçar a minha vida.

E fazia planos onde incluía muitos bens, luxo, conforto e prazeres os mais diversos. Diante da minha excitação, o meu companheiro apenas sorria, dando-me a impressão de que lia os meus pensamentos e se divertia muito com eles.

Comíamos pouco e raras vezes subíamos ao convés para respirar o ar refrescante do mar. Na verdade, não havia necessidade, pois em qualquer lugar que estivéssemos o clima era sempre o mesmo: agradavelmente ameno. Nenhuma sensação de frio ou calor; nenhum vento mais forte a alterar a calmaria das ondas; enfim, nada que perturbasse a harmonia da viagem.

Capítulo 7

Caindo na real

Em nossas conversas, meu amigo sempre procurava me esclarecer sobre questões relacionadas à minha vida, mas eu não conseguia digerir quase nada. Uma vez, falando dos meus parentes, ele perguntou:

— O que você sente por eles?

Eu não soube responder de imediato e ele insistiu:

— Será que você os ama?

— É possível que sim! – respondi, sem muita convicção.

— É difícil sentir amor por pessoas com tantas imperfeições, não é? – instigou, sugerindo cumplicidade.

Lancei um olhar interrogativo, sem entender exatamente o que ele pretendia.

— Uma tia hipocondríaca, um tio alcoólatra, primas gulosas, primos preguiçosos e sobrinhos endiabrados... Não deve ser fácil amar tanta gente imperfeita. – continuou o homem, deixando claro que me provocava.

— Onde você pretende chegar com esta conversa? – perguntei, tentando evitar um tom mais alterado à voz.

Ele, como sempre fazia, apenas sorriu.

— Não quero chegar a nenhum lugar distante daqui. Pretendo chegar aí mesmo – apontou para o meu coração –, dentro de você.

— Por quê?

— Porque é uma coisa que você também quer fazer, mas está com medo.

Comecei a achar que meu companheiro de viagem talvez não fosse tão simpático como eu supunha. De repente, parecia querer mexer em coisas muito íntimas que só a mim interessavam.

Como eu permanecesse calado, ele continuou:

— Você está confuso, esquecido, e precisa de esclarecimentos. Mas reluta em aceitar ajuda, pois tem medo do que possa desvendar...

— Espera aí – interrompi com certa rispidez. – Você está me julgando? Isto aqui é um tribunal?

— Talvez seja – respondeu-me, sem perder a serenidade da voz. — Mas um tribunal formado pela sua própria consciência. Quer consultá-la com honestidade e ouvir o que ela tem a lhe dizer?

Levei um susto. Gritei:

— Não! Eu não quero...

— E por que não?

— Porque nada devo à minha consciência.

— Tem certeza?

— Tenho.

— Ora, que bom! Então, não há por que não deixá-la falar, não é?

— Não! Não quero! – eu estava a ponto de explodir.

— Ótimo! Então, falo eu!

E, sem que eu pudesse impedi-lo, começou a expor diante de mim uma realidade que, para ser sincero, pulsava fortemente em minha consciência. Uma realidade da qual eu vinha fugindo desde que tomara a decisão de partir sem ajudar os meus parentes.

Capítulo 8

Remorso

Com muita sensatez e serenidade, o meu companheiro me mostrou que as circunstâncias criadas por mim para justificar o fato de não haver dado o dinheiro à minha família não passavam de desculpas esfarrapadas.

Na verdade, disse-me o que eu já sabia: meus parentes não eram simplesmente seres viciados, dotados de tantas imperfeições morais, como eu dissera. Eram pessoas normais e apenas precisavam de auxílio.

Minha tia, meu tio e minhas primas precisavam de tratamento para cuidar das enfermidades psicológicas que refletiam no corpo físico. Meu primo e os esposos de minhas primas não eram preguiçosos e arruaceiros; eram homens humildes a quem a vida negara melhores oportunidades de ascensão e a "arruaça" que faziam era a demonstração de que, apesar das dificuldades enfrentadas, encaravam o mundo com alegria, não se sentindo diminuídos ou amargurados.

E as crianças! Ora, que absurdo! Eu as acusara de se comportarem exatamente como crianças saudáveis e, naturalmente agitadas, como se isso fosse a coisa mais errada do mundo!

As mesmas desculpas que usei para justificar a negativa em ajudá-los, também meus tios poderiam ter usado no momento em que me adotaram e cuidaram de mim. Poderiam ter criado mil empecilhos e me deixado entregue à própria sorte, como órfão abandonado.

Tudo isto me foi exposto com tanta naturalidade e bom senso, que eu não encontrei meios de contestar. A veracidade de tudo aquilo não estava simplesmente nas palavras do meu amigo, mas latejava dentro da minha própria consciência. Era como um tumor que ele apenas houvesse arrancado das minhas entranhas e colocado diante dos meus olhos.

Não tive coragem de encará-lo, mas ele me abraçou sorrindo. Ergueu o meu rosto com um toque suave em meu queixo e olhou profundamente em meus olhos, com um sincero sentimento de compreensão.

—Por que você está preocupado?—perguntou-me.

— Por ter agido egoisticamente... – balbuciei com um fio de voz.

— É o que diz a sua consciência?

Meneei a cabeça num movimento afirmativo, pois imagens de meus familiares, completamente opostas às que eu vira no momento em que recebi a mochila com o dinheiro, começaram a se formar em minha mente.

Nessas novas imagens, minha tia, com posse de recursos, procurava tratamento psicológico e se curava de sua hipocondria, passando a ter uma vida normal.

Meu tio usava o dinheiro, não para se embebedar, mas também para se tratar e livrar-se do alcoolismo.

Minhas primas buscavam ajuda para também se livrarem de suas doenças.

Meu primo e os maridos de minhas primas investiam seu dinheiro em uma sociedade qualquer; um comércio, um barco pesqueiro ou uma escuna para passeios turísticos e, finalmente, tinham a oportunidade de um trabalho rentável, tornando bem mais promissor o futuro daquelas crianças.

Eu me senti mal, até porque, junto a essas imagens, outras vieram se somar. Eu vi minha tia cuidando com muito carinho da criança que fui. Vi meu tio brincando comigo, carregando-me nos ombros. Vi meus primos me tratando com respeito e dignidade durante o período de minha infância.

Essas imagens foram fortes demais e precisei de muito esforço para conseguir conter o pranto que ameaçava se romper como o dique de uma imensa represa.

— E então, você os ama? – meu companheiro voltou a perguntar.

E desta vez eu não tive dúvida.

— Sim! Eu os amo! – respondi, com a voz embargada pelo pranto.

— Acha que agiu de modo errado?

Confirmei com um breve movimento de cabeça.

— Gostaria de reparar esse erro?

— Se houvesse um jeito... – balbuciei.

— Você está disposto a abrir mão de uma parte do seu dinheiro para doá-la aos seus parentes? – perguntou-me.

— Estou!

— Neste caso, vamos pensar em um jeito. – disse ele, apertando-me um pouco mais em seu abraço.

Depois, comunicou que daria uma volta no convés e saiu, deixando-me sozinho. Era o que eu mais queria naquele momento. Recolhi-me e, apesar do terrível sentimento de remorso que me dilacerava a alma, fui vencido por um súbito cansaço e peguei no sono.

Capítulo 9

Doação

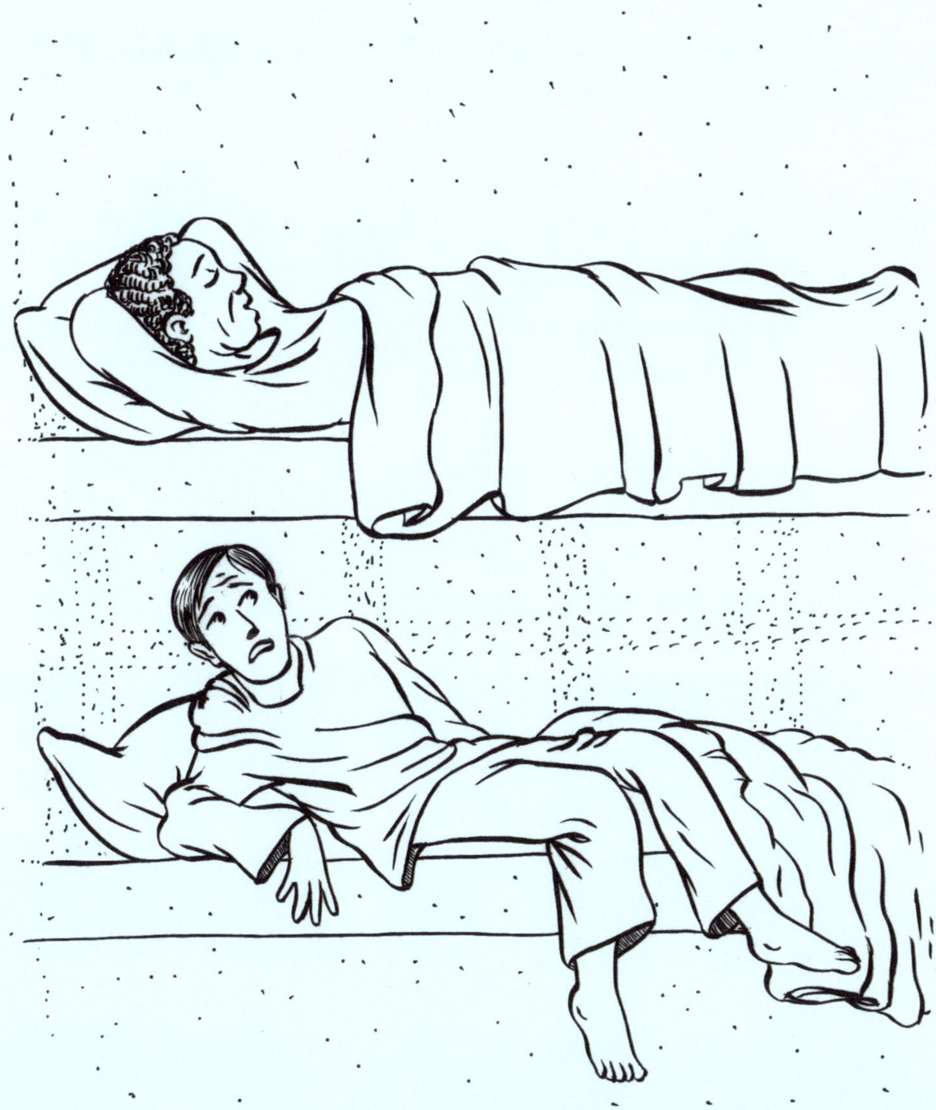

Não sei por quanto tempo dormi, mas quando acordei, meu amigo estava acabando de colocar a mesa para o jantar. Como sempre, sorridente e bem-humorado, brincou:

— Olá, dorminhoco! Levante-se e venha me ajudar a degustar esta sopa que, pelo cheiro, está deliciosa!

Levantei-me, fui ao lavabo, passei uma água no rosto e me sentei à mesa.

— Dormi muito? – perguntei, apenas para quebrar o silêncio.

— Que diferença faz? – Por enquanto, estamos presos a este navio. Não vamos mesmo a lugar algum...

Tive de admitir que ele estava coberto de razão. Sorri sem graça e entrei de vez no assunto que me interessava.

— E sobre aquela nossa conversa?

— A doação do dinheiro aos seus familiares?

— Sim. Em que pé estamos?

— Só preciso que você me diga quanto.

— Como assim, quanto?

— Quanto você está disposto a doar, ora!

Senti uma grande insegurança. Lembrei-me de que o conteúdo da mochila era tudo o que eu possuía para recomeçar a vida em um lugar que me era totalmente desconhecido. Mas, por outro lado, a possibilidade de ajudar os parentes que haviam sido tão generosos comigo no passado parecia agora muito razoável.

— E então, já decidiu qual será o valor da doação? – perguntou-me, deixando claro que eu não dispunha de muito tempo para resolver a questão.

— Não sei... Quanto você sugere que eu dê?

Ele apenas sorriu e foi como se dissesse: "A decisão é sua".

— Que tal um terço do que tenho? – arrisquei.

— Isto é uma afirmação ou uma pergunta?

Na verdade, ao fazer a sugestão, eu pretendia observar a reação dele e, de acordo com ela, aumentar ou diminuir a proposta. Mas foi inútil. Não houve alteração alguma em sua fisionomia. Ele continuava com a mesma impassibilidade de antes.

— É uma afirmação! – eu disse, por fim.

— Ótimo! Neste caso, pode deixar o resto comigo.

— Como eles vão receber o dinheiro?

Ele olhou bem nos meus olhos.

— Você confia em mim?

Apenas externei o que meu coração sentia naquele momento.

— Confio plenamente.

Seu constante sorriso abriu-se e iluminou-se ainda mais.

— Então, apenas deixe comigo, está bem?

— Mas eu precisava saber um pouco mais... É tudo tão misterioso...

— Entendi. Você quer saber sobre a origem do dinheiro, não é?

— Exatamente.

— Pois, eu posso lhe garantir que foi conquistado honestamente, por seus próprios méritos.

— Dá para ser mais específico?

— Ainda não chegou o momento de você saber tudo, sua amnésia está muito acentuada, mas posso lhe adiantar o seguinte: você nunca foi uma pessoa acomodada. Não se conformou com a limitação que aquela pequena cidade, onde vivem os seus familiares, poderia lhe oferecer. Muito jovem ainda, assim que surgiu uma oportunidade, você foi à luta. Partiu para uma cidade grande, muito mais promissora, onde começou a trabalhar para pagar os estudos. Você se esforçou muito e a recompensa obtida foi uma ótima formação universitária e profissional. Com isto, você conquistou um alto cargo em uma próspera empresa, onde trabalhou com honestidade e dedicação por um bom tempo. O dinheiro que está na mochila é o fruto desse trabalho, uma pequena parcela que você recebeu como prêmio pelo imenso lucro que proporcionou aos seus patrões.

— Mas... Que empresa é essa? Por que eu não trabalho mais nela?

— Digamos que o seu tempo de exercer aquelas funções já expirou. Agora você precisa se concentrar no que vem pela frente.

— E o que vem pela frente? – perguntei com voz insegura, parecendo uma criança assustada diante de uma ameaça.

Ele sorriu brandamente e disse:

— Não se preocupe com nada! Na pior das hipóteses, você poderá contar sempre com a minha amizade sincera e, na medida do possível, com a minha orientação.

E havia tanta sinceridade e placidez em suas palavras, que todas as minhas inseguranças se dissiparam instantaneamente.

Mais tarde, quando nos recolhemos para dormir, o meu companheiro, que ocupava a parte superior do beliche, começou outro assunto:

— Além dos seus parentes, você se lembra de mais alguém que lhe desperte algum tipo de sentimento?

— Não me lembro de ninguém – respondi.

— Não se lembra da Marina?

Aquele nome provocou um súbito estremecimento em meu coração, uma espécie de taquicardia, mas foi só isso.

— Marina? Quem é ela?

— Esquece! – disse ele. — Talvez não seja ainda o momento de lhe falar sobre ela.

Foi aquela sensação estranha que experimentei ao ouvir o nome de Marina que me induziu a não insistir no assunto. Na verdade, fiquei apavorado, com muito medo de que antigas feridas afetivas fossem cutucadas e voltassem a sangrar.

Capítulo 10

Impasse

A fuga que empreendi à memória, tentando escapar daquele assunto que me parecia tão delicado, não adiantou muito. Mal peguei no sono e umas imagens, a princípio apagadas e depois bastante nítidas, começaram a se formar em minha mente. Não se tratava de um simples sonho, mas de uma realidade que por meio dele se descortinava.

Nessas imagens, havia uma belíssima jovem por quem eu nutria um amor imenso. Ficou muito claro para mim que ela também me amava. Estávamos felizes, sorridentes, nos casaríamos em breve... De repente, as imagens se transmudaram para um trágico cenário. A bela moça estava morta. Eu a sustinha em meus braços, chorando amargamente, implorando a Deus que a devolvesse ou me levasse junto.

Tudo em vão! Meu coração estava despedaçado, eu quis morrer. Implorei a Deus que me tirasse a vida, mas nada adiantou.

Acordei chorando. Sentia o peito dolorido e uma chaga imensa parecia queimar-me as entranhas. Saltei da cama sobressaltado, inquieto.

Como sempre, o meu amigo me socorreu. Levantou-se rapidamente e me ofereceu um copo com água e o amparo de seus ombros para que eu pudesse me restabelecer.

— Era ela, não é? Era Marina que estava em meus sonhos? – perguntei, assim que pude controlar a voz.

Ele apenas continuava sorrindo, mas seu sorriso, neste momento exibia uma imensa aura de piedade.

— Por quê? – perguntei aos prantos. — Por que tive uma vida tão miserável? Não convivi com os meus pais... Não me casei com a mulher que amava... Agora me lembro. Marina foi a única mulher que amei... Estávamos noivos, ela era saudável, mas adoeceu e morreu de uma hora para outra...

O meu amigo continuava me encarando com aquela piedosa expressão.

— Por que Deus fez isto comigo? Eu nunca mais quis saber de ninguém. Fechei meu coração para o amor... Convenci-me de que Deus não gosta de mim.

— Não diga isso – interferiu ele, por fim. — Deus ama a todos os seus filhos.

— Mas, por que a matou em idade tão tenra?

— Não foi Deus que a matou.

— Ah, não? Quem foi, então?

Ele voltou a me olhar, compadecido.

— Há uma coisa que você ainda não se lembrou, mas não sei se está preparado para se lembrar.

— Por favor, diga-me tudo! – implorei.

— Sua noiva não morreu de doença. Ela foi assassinada.

Minhas pernas fraquejaram mediante aquela bombástica lembrança que se encontrava adormecida em minha memória. Meu companheiro me amparou e me ajudou a sentar na cadeira. Sentou-se diante de mim e perguntou:

— O nome Gregório lhe traz alguma lembrança?

E a pronúncia deste nome explodiu feito uma bomba atômica dentro da minha cabeça, provocando o retorno da insuportável dor de cabeça que havia se dissipado nos últimos dias.

— Aquele miserável! – rosnei. — Foi ele que a matou. Matou-a porque tinha ciúmes dela e não permitiu que ela se casasse comigo.

E agora os acontecimentos estavam terrivelmente claros. Gregório era um sujeito desequilibrado, que conhecia Marina desde a infância. Os dois eram vizinhos e ele nutria uma paixão doentia por ela. Embora Marina nunca houvesse retribuído aos seus sentimentos ou alimentado nele qualquer esperança de envolvimento, o rapaz vivia perseguindo-a. Eu só fui saber da história depois que ela foi assassinada por ele. Parentes dela me disseram que minha noiva havia omitido esse fato, temendo a minha reação. No fundo, não levava muito a sério as ameaças daquele louco.

Faltava um mês para o nosso casamento, quando ela foi encontrada morta em uma rua deserta, próximo de sua casa. Embora todas as evidências apontassem Gregório como o assassino, ele escapou da justiça e desapareceu da cidade. Durante muito tempo, andei procurando por ele. Pretendia matá-lo, mas nunca o encontrei.

Agora, eu já não sabia qual sentimento pulsava mais forte dentro de mim: se o amor por Marina ou o ódio contra o assassino de minha noiva.

Como se adivinhasse os meus pensamentos, o meu amigo comentou:

— É impossível que um coração possa cultivar amor e ódio ao mesmo tempo, meu rapaz! Ainda que por pessoas diferentes e por razões distintas.

— Então, você nada sabe sobre a natureza humana – respondi com sarcasmo. – Pois eu amo imensamente a Marina e odeio terrivelmente aquele assassino, e não saberia lhe dizer com certeza qual dos dois sentimentos é mais forte em mim.

— Isto é muito fácil de descobrir – disse ele, com sua voz sempre tranquila.

— Fácil? Fácil, como? Você deve estar brincando!

— Não, meu irmão! Quer ver como não é difícil?

Fiquei olhando para ele, curioso em saber qual seria a próxima cartada.

— Se lhe fossem oferecidas duas opções, para ser escolhida apenas uma, você logo chegaria a uma conclusão. Uma das opções seria você se encontrar com o Gregório e ter a oportunidade de vingar a morte da sua noiva e a outra seria encontrar-se com a Marina e voltar a conviver com ela. Qual das duas, escolheria?

— Eu ia querer as duas coisas – respondi, sem disfarçar a irritação.

— Não! Você só poderia escolher uma, porque teria de definir que tipo de sentimento sobressai em seu coração. Como eu lhe disse, o amor e o ódio não podem viver lado a lado. Ou o seu coração cultiva o amor por Marina, ou o ódio por Gregório. Precisamos ter muito cuidado para que os sentimentos inferiores não proliferem em nós como uma erva daninha, anulando a nossa capacidade de amar que é o gérmen do fruto divino existente em nós!

Apesar do tremendo mal-estar que sentia, procurei analisar o que meu companheiro dizia e, após algum tempo em silêncio, respondi:

— Nesse caso, não há dúvida de que preferiria mil vezes reencontrar-me com Marina.

— Eu sei disso! – exclamou ele, com um largo sorriso e os olhos brilhando de contentamento. — É claro que você prefere a Marina, porque o amor é um sentimento muito mais latente em você do que o ódio.

—Você não me deu alternativas... —tentei justificar.

Mas ele não permitiu que eu continuasse com aquela farsa.

— Não tente fingir para mim, rapaz! O homem foi criado para cultivar e compartilhar amor. Ódio, orgulho, egoísmo, mágoa e todos os sentimentos inferiores têm origem em nossas fraquezas, mas um dia, fortalecidos e conscientes, deixamos de cultivá-los. O amor, não! O amor é inato, indestrutível e eterno! E, admita, é ele que pulsa mais fortemente aí, dentro desse coração tão carente!

Eu não pude dizer mais nada, pois a coerência de suas palavras me surpreendeu mais uma vez e descreveram o que realmente ocorria em meu interior.

Capítulo 11

Os justiceiros

Na manhã seguinte, meu amigo trouxe a novidade: nosso navio atracaria no ancoradouro de uma ilha povoada.

— Vamos poder desembarcar e explorar um pouco – disse-me ele. — Depois de todas essas emoções, uma caminhada em terra firme vai lhe fazer bem.

Duas horas depois, desembarcávamos na ilha que deveria possuir algumas centenas de habitantes. Ali, tudo era perfeitamente normal, como qualquer cidade de interior. Havia uma rua central, mais movimentada que as demais, uma igreja com uma praça arborizada em frente, e um comércio regular com lojas, bares e armazéns.

O estranho nevoeiro continuava limitando-me a visão, mas eu até já havia me acostumado com ele. Enquanto caminhávamos pelas ruas, eu via as pessoas passarem por nós, mas não conseguia distinguir-lhes os semblantes. Eram como sombras que se movessem em meio à espessa neblina.

Paramos em frente a uma espécie de mastro, com uns três metros de altura e que estava fincado bem no centro de uma pracinha. Notei que havia uma estranha agitação em torno dele.

— Para que serve isto? – perguntei.

— Para supliciar os condenados.

— Como assim?

— O nome deste lugar é Ilha dos Justiceiros e aqui há uma lei muito rigorosa para com os criminosos. Dependendo da crueldade empregada no crime e, mediante a confissão do réu, ele é condenado a passar pelo Corredor dos Justiceiros.

— O que significa isto?

— É, como o próprio nome sugere, um corredor formado por homens que se intitulam justiceiros e que têm por função supliciar o condenado, do modo que bem quiserem. Esse corredor é formado por 30 homens, 15 de cada lado e, se o infeliz sobreviver às agressões e conseguir chegar vivo a esta praça, é dependurado no mastro e aí fica exposto à intempérie, sem que lhe sirvam água ou qualquer tipo de alimento. O corpo só é retirado depois que o condenado estiver morto.

— Que absurdo! – indignei-me. — Que barbárie!

Ele olhou para mim com aquele conhecido sorriso e esta atitude me desconcertou, pois me fez lembrar de toda a maldade que, no fundo do coração, eu desejava a Gregório.

— Infelizmente, ainda há muita gente que não acredita na lei do amor. Aqui, ainda se pratica a lei do "olho por olho", como se um crime pudesse sempre justificar a consecução de outro.

— E por que estão agitados assim?

— Porque daqui a pouco haverá uma execução. Aliás, foi por este motivo que o navio atracou aqui. Esse acontecimento é uma espécie de atração turística muito apreciada nesta região.

— Continuo achando tudo isto um absurdo. Vamos voltar para o navio?

— Eu gostaria, mas infelizmente não podemos. O reembarque só será permitido após a execução do condenado.

— Então, vamos pelo menos sair deste lugar!

— Não acho que seja uma boa ideia. As autoridades daqui se sentem muito ofendidas quando os turistas deixam de assistir à execução, e isto poderá nos trazer alguns problemas.

— Quer dizer que seremos obrigados a ver esta monstruosidade?

— Talvez não seja tão ruim...

E no momento em que eu ia contestar, um toque de corneta anunciou o início da cerimônia. Os 30 justiceiros posicionaram-se nos dois lados da rua principal que desembocava justamente na praça, onde estava fincado o mastro. Eles portavam chicotes, cassetetes, pedras e até punhais.

Uma grande e ansiosa plateia se acotovelava, excitada, aguardando o momento em que o condenado seria posicionado no início do corredor. As autoridades se acomodaram em um palanque erguido próximo ao mastro.

Capítulo 12

O condenado

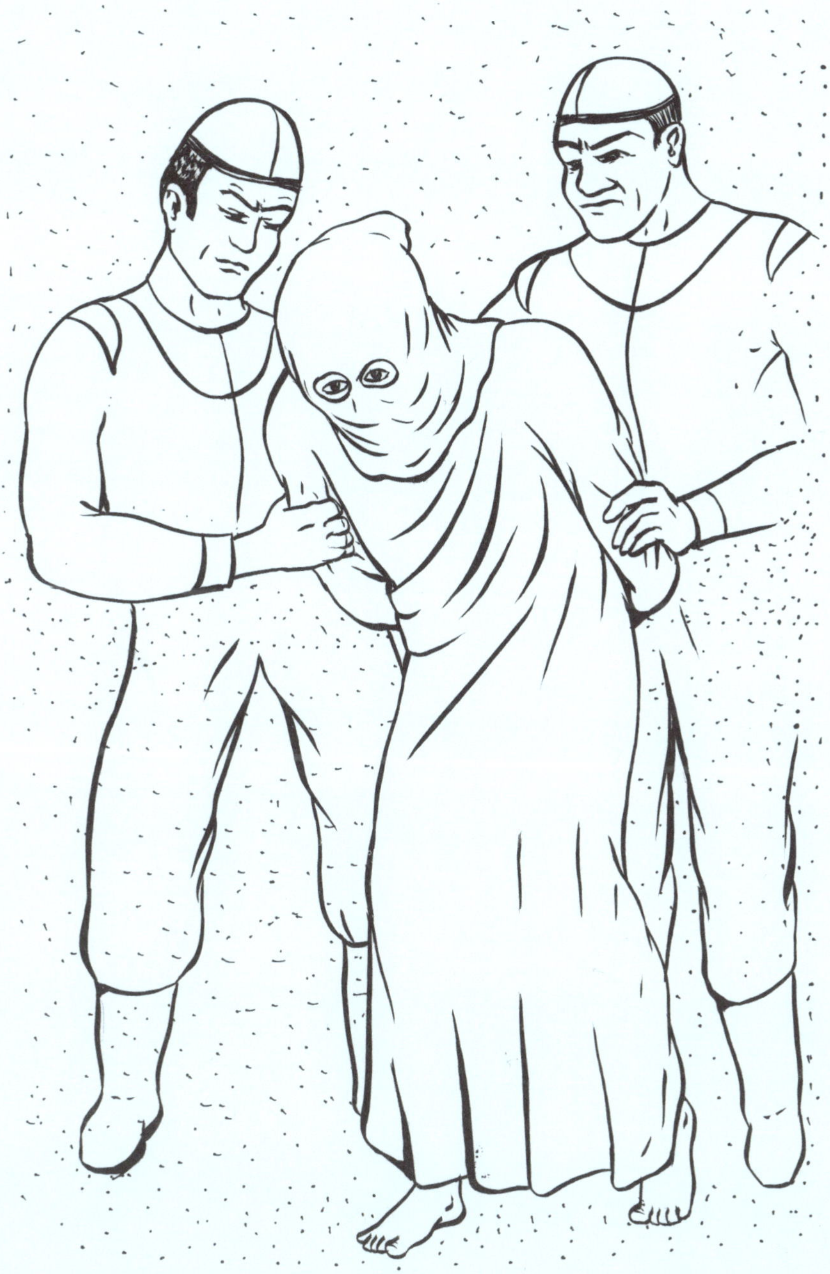

Após alguns minutos de tensa expectativa, um homem, com as mãos amarradas às costas, chegou arrastado por dois policiais. Ele usava uma túnica preta, com um capuz também preto cobrindo-lhe o rosto, deixando à mostra apenas seus olhos, através de dois buracos feitos para esse fim.

O condenado foi posicionado no início do corredor dos justiceiros. A seguir, foi feita uma breve leitura, que eu não consegui ouvir, mas que segundo o meu companheiro de viagem era o decreto de execução.

Depois disso, comecei a assistir à cena mais repulsiva que meus olhos já haviam visto. Eu queria desviar os olhos ou fechá-los, mas não conseguia. Parecia petrificado diante daquele cenário. O primeiro justiceiro que se aproximou do condenado, deu-lhe uma violenta bofetada que o atirou ao solo. Mal o homem se reergueu e o segundo aplicou-lhe violentíssima chicotada nas costas, atirando-o novamente ao chão.

Meu coração estava oprimido, inconformado. Então, eu disse ao meu amigo:

— Vamos ficar assistindo a isto, pacificamente? Não há nada que possamos fazer?

— Há uma coisa – respondeu-me. — Vê que há uma placa dependurada no pescoço do condenado?

Então, firmei bem a vista e notei que de fato havia a tal placa.

— O que significa? – perguntei.

— Nela está afixado o valor da fiança para a libertação do prisioneiro. Se alguém se compadecer e quiser livrá-lo deste tormento, é só pagar a quantia que ali está exposta. Mas isto é uma inutilidade, pois, segundo consta, nunca alguém pagou um centavo sequer para libertar qualquer condenado.

Naquele momento, o prisioneiro estava se recompondo da segunda agressão sofrida e o terceiro justiceiro, munido de uma pedra de tamanho razoável, já se preparava para aplicar o seu castigo. Então, eu percebi que deveria haver uma regra: o condenado só poderia ser agredido quando estivesse de pé.

Pensei em minha mochila. Um terço do meu dinheiro já havia sido doado. Considerei a possibilidade de pagar a fiança, mas tive medo de que a sobra não fosse suficiente para que eu recomeçasse a vida.

O prisioneiro levantou-se e, mal se firmou de pé, a pedrada certeira, atirada pelo terceiro justiceiro, atingiu-lhe a fronte, provocando um rasgo no capuz, de onde brotou um jorro de sangue que lhe escorreu pelo corpo. O homem caiu novamente.

Aquela cena foi demais para mim.

— Pelo amor de Deus! Veja qual é o valor da fiança – implorei.

— Já vi – respondeu meu companheiro, com voz inalterada. — É exatamente a metade do valor que resta na sua mochila.

Senti um frio na espinha. A mochila ficaria bem vazia. Eu acabaria ficando com apenas um terço do que possuía inicialmente, já que um terço havia sido doado aos meus familiares.

O quarto homem, munido de um punhal, preparava-se para atacar o condenado, esperando apenas que ele se reerguesse.

— Está bem – disse eu. — Vamos pagar a fiança desse pobre diabo.

— Tem certeza? – questionou o meu amigo.

— Tenho! – gritei apavorado, ao ver que o condenado já estava de pé e que o justiceiro, com o punhal em posição de ataque, já se aproximava, tencionando golpeá-lo no pescoço.

Então, o meu companheiro ergueu a mão e fez um estranho sinal. Neste momento a uma trombeta soou e o homem que portava o punhal retomou sua posição na fila dos justiceiros.

— Espere aqui – disse o meu amigo.

E afastou-se em direção ao palanque onde se encontravam as autoridades locais. Só então percebi que ele estava com a mochila nos ombros. Eu jurava que ela havia ficado no navio, mas percebi que o meu companheiro de viagem estava sempre um passo à frente dos acontecimentos e suspirei aliviado.

Capítulo 13

Revelação

Logo que o meu amigo terminou de fazer os devidos acertos com as autoridades, a corneta voltou a soar e o corredor de justiceiros se desintegrou. Os policiais se retiraram e, aos poucos, o público foi deixando o local.

De repente, eu estava sozinho na praça, envolto por aquela estranha névoa que jamais se dissipava. Sentei-me em um banco e fiquei aguardando o retorno do meu companheiro.

Minutos depois, ouvi o tropel dos seus passos se aproximando, mas ele não estava só. Trazia junto o condenado, com o capuz preto a encobrir-lhe o rosto, e os braços amarrados às costas.

Erguí-me em um salto, assustado com aquela incômoda presença.

—O que significa isto?—perguntei com voz trêmula.

— Este homem agora pertence a você. Afinal, você pagou por ele.

— Eu não o quero! – gritei apavorado.

Então, o meu amigo se aproximou e, colocando a mão em meu ombro, explicou com voz pausada, tentando me acalmar.

— Escute: é tudo uma questão de protocolo. Este homem lhe pertence e você poderá fazer o que quiser com ele. Poderá matá-lo, devolvê-lo às autoridades, escravizá-lo... Ou simplesmente libertá-lo.

— Por mim está ótimo! – concluí. – Liberte-o e vamos voltar logo para o navio.

— Ainda não. Antes, você precisa olhar no rosto dele.

— Por quê?

— Porque faz parte do protocolo.

E, antes que eu pudesse dizer qualquer coisa, o meu amigo arrancou o capuz da cabeça do condenado e a cena que presenciei naquele momento provocou-me uma taquicardia tão violenta que meu coração pareceu querer explodir dentro do peito.

Não sei quanto tempo levei para conseguir recuperar o controle da voz, mas assim que o fiz, gritei com todas as forças dos meus pulmões:

— Gregório! É você, seu assassino!

O criminoso me olhou com profunda tristeza. Seu rosto estava deformado pelas agressões, uma espécie de máscara formada por sangue coagulado, suor e poeira o encobria totalmente, dando-lhe um aspecto desolador.

Meu companheiro me olhava com aquela serenidade tão peculiar. A imagem de Marina morta em meus braços surgiu com uma nitidez incrível e eu me lembrei do quanto desejei encontrar aquele assassino e vingar a morte covarde de minha noiva.

— Posso matá-lo? – perguntei ao meu amigo.

— É claro que pode! – respondeu-me, sem perder a serenidade. — Mas, pense bem se é isto mesmo que você deseja. Uma vez que compactue com o ódio e o deixe dominar o seu coração, ficará muito mais difícil voltar a cultivar amor nele.

E Gregório, que até aquele momento se mantivera calado, caiu de joelhos diante de mim e sussurrou com voz gutural:

— Mata-me, pelo amor de Deus! Não aguento mais viver com este peso na consciência, tendo de colher o fruto amargo do ódio que semeei com minha atitude tresloucada.

— Diga-me uma coisa – perguntei-lhe, tentando manter a situação sob controle. — Sua condenação aqui foi por causa do assassinato da Marina?

— Sim. – disse ele. — Eu me entreguei à justiça e confessei o crime, porque queria pagar por ele. Você me tirou das mãos dos justiceiros, por isso tem todo o direito de fazer o que eles não fizeram... Faça-o logo, por favor! – implorou e começou a chorar.

Capítulo 14

Perdão

Confesso que tive vontade de satisfazer o desejo do Gregório. Com grande esforço, consegui manter a serenidade e voltei a interrogá-lo:

— Por que você se entregou?

— Porque minha consciência não me permite ter um segundo sequer de sossego. Porque o ódio transformou a minha vida num inferno!

Aproximei-me do meu companheiro e perguntei:

— Quem são as pessoas que o odeiam?

— Já que me perguntou, devo lhe dizer que, atualmente, só você o faz.

— Quer dizer que todos o perdoaram? – perguntei incrédulo.

— Todos. Inclusive a Marina.

— A Marina está morta! – gritei.

Então ele apoiou novamente as mãos em meus ombros e disse, encarando-me nos olhos:

— Meu irmão! O conceito sobre vida e morte é apenas uma questão de ponto de vista. Todos nós devemos perdoar os nossos inimigos, independentemente da posição astral em que nos encontremos. O ódio é uma via de mão dupla, que tanto tira a paz do ofensor, quanto do ofendido. Além disso, enquanto não aprendemos a perdoar, nós estamos nos declarando indignos de sermos perdoados e criamos um inferno mental que nos mantém constantemente unidos ao nosso inimigo. O perdão nos liberta; rompe a algema psíquica que nos acorrenta aos nossos desafetos e nos devolve a paz de espírito, permitindo que encontremos a felicidade nas melhores moradas desse imenso Universo – ergueu os braços e os girou, mostrando-me a extensão infinita do Cosmos.

Só mais tarde eu entenderia o real sentido daquelas palavras, mas mesmo assim elas mexeram profundamente comigo.

Então, o meu amigo impôs a mão direita sobre a minha fronte e eu tive uma visão magnífica de Marina. Ela se apresentou maravilhosamente linda, feliz e sorridente. Estava em paz! Não demonstrava qualquer resquício de mágoa ou ódio em seu coração. Eu pude ouvi-la sussurrar:

"Por favor, perdoa! Liberta o seu coração dessa angústia inútil e vem para junto de mim! O nosso amor continua vivo e é muito maior que qualquer sentimento de mágoa ou rancor!".

Diante daquela cena, senti novamente o dique da minha cachoeira interior se romper e desta vez não consegui segurar o pranto.

Estava muito claro que o meu amor por Marina era imensamente maior que qualquer outro tipo de sentimento.

Chorando, aproximei-me de Gregório que, ainda ajoelhado, de cabeça baixa, também chorava. Desamarrei suas mãos, ergui-o e fiquei de frente para ele. A seguir, abri os braços e o acolhi num abraço fraterno.

— Eu o perdoo, Gregório! – balbuciei em seu ouvido. — A partir de hoje, nós dois estamos livres do meu sentimento de ódio. Vá com Deus e seja feliz!

Ficamos abraçados por alguns segundos. Nossas lágrimas se misturando, sentindo nossos corações aos saltos, entrelaçados numa renovada sensação de paz que nos envolvia profundamente.

Quando nos apartamos, ele, sempre chorando, seguiu em passos cambaleantes e se perdeu em meio à névoa que turvava o ambiente.

Eu estava me sentindo imensamente fraco e sofri uma espécie de desmaio. Quando acordei, estava na cabina do navio, em minha cama.

Por uma questão de respeito, meu companheiro de viagem não tocou no assunto, mas eu tenho certeza de que ele me carregou em seu colo no momento em que voltamos para bordo.

Capítulo 15

Naufrágio

Mais alguns dias se passaram e voltei a me preocupar com a mochila. Estava, de certo modo, sentindo-me derrotado. Dois terços do que me pertencia já haviam desaparecido dela e eu me perguntava se o que sobrou seria suficiente para que recomeçasse a vida.

Mas, por outro lado, as últimas emoções vividas haviam despertado um novo tipo de estímulo dentro de mim, algo bem diferente de tudo o que eu já havia experimentado até então.

Numa manhã em que me encontrava dormindo, o meu amigo invadiu a cabina e, pela primeira vez, pareceu-me desorientado.

— Levante-se rápido! – gritou. — Vamos sair daqui!

— O que houve? – perguntei, enquanto me espreguiçava.

Ele me olhou muito sério.

— O navio está afundando!

Pensei que fosse uma brincadeira. Afinal, o mar estava calmo e a única coisa que dava para perceber no ar era a suavidade de uma brisa, completamente inofensiva.

Mas ele me puxou pelo braço com tanta força, que não tive mais como duvidar. Aquele comportamento não lhe era peculiar.

Corremos para o convés e só então ouvi gritos e correria. Havia ali uma grande confusão.

Em pouquíssimo tempo, o navio já estava quase totalmente submerso e não havia mais ninguém a bordo. Milagrosamente todos haviam se salvado em botes e escaleres.

Meu companheiro me chamou e mostrou que sobrara um bote salva-vidas vazio próximo à proa e que deveríamos embarcar nele imediatamente. Pelo que constatei só restáramos nos dois a bordo.

Lançamos o bote na água. Ele saltou primeiro, deu algumas braçadas e embarcou.

— Venha logo! Pule! – gritou para mim.

Só então me lembrei que a mochila havia ficado na cabina.

— Já volto! – gritei.

E sem esperar pela resposta, saí correndo em direção à cabina. Mas, de repente, em sentido oposto de onde estava a cabina, ouvi um choro de criança.

Apesar do nevoeiro que insistia em turvar-me as retinas, firmei a vista e vi que um menino de aproximadamente cinco anos estava deitado de bruços em um canto do convés. Suas pernas estavam presas por umas caixas que haviam caído.

O navio continuava afundando e eu sabia que, se fosse ajudar o menino, não haveria tempo para pegar a mochila. Mas, naquele momento, não titubeei. Salvar aquela criança representaria a minha ruína material, mas eu não poderia nem questionar sobre o que fazer.

Corri até onde estava a criança e precisei fazer um esforço enorme para soltar suas pernas, pois as caixas eram bem pesadas. Gastei alguns preciosos minutos naquela operação, descartando qualquer possibilidade de chegar à cabina e pegar a mochila.

Com a criança livre, abracei-a fortemente, corri até a proa e saltei na água, onde o meu amigo me aguardava.

Ele aproximou o bote salva-vidas, entreguei-lhe a criança e saltei para dentro da pequena embarcação. Mal acabamos de nos afastar dali e o navio ficou completamente encoberto pelas águas, desaparecendo em questão de segundos.

O imenso esforço físico que a operação exigiu fez com que eu me jogasse no fundo do barco e desmaiasse. Encontrava-me extenuado por todas as lutas físicas e afetivas que enfrentara nos últimos dias.

Capítulo 16

O menino

Quando acordei, estávamos no meio do mar, singrando por uma baía de águas calmas. O meu companheiro remava vagarosamente, assobiando uma canção nostálgica e o menino dormia, com o rosto enfiado entre os braços.

— Parabéns, herói! – brincou o homem, ao me ver acordado. —Você salvou esta criança de uma morte certa.

Pensei em dizer que o salvamento custara o resto do meu dinheiro, mas preferi ficar quieto, porque, incrivelmente, eu não estava tão preocupado com esse detalhe. Porém, mais uma vez, ele pareceu ler os meus pensamentos.

— Está pensando na mochila com o dinheiro?

Não pude disfarçar.

— Não me arrependo nem um pouco por ter preferido salvar o menino e, se fosse preciso, eu o faria de novo. Mas estou pensando em como fazer para recomeçar a vida sem dinheiro algum.

— Talvez você não precise – disse-me ele.

— Impossível! Sei o que é viver sem dinheiro. Não se consegue nada sem ele neste mundo.

— Depende do mundo a que você se refere. Há lugares em que o dinheiro não vale nada, onde os verdadeiros tesouros são bem outros...

— Eu gostaria muito de conhecer um lugar desses. Mas, infelizmente, não conheço nenhum.

— Não estará na hora de conhecer?

— O que você quer dizer com isto?

Então ele apontou para o menino que dormia no fundo do barco e me disse:

— Dê uma boa olhada nesta criança. Veja com quem ela se parece.

Não entendi o que ele pretendia, mas obedeci. Descobri com muito cuidado o rostinho do menino e levei um susto, pois ele me pareceu extremamente familiar.

— Quem é ele? – perguntei assustado.

— Não está se reconhecendo?

Então, eu me lembrei de uma antiga fotografia de quando eu tinha mais ou menos aquela idade e não tive dúvida de que aquela criança era eu. Na foto, eu estava sentado no colo da minha mãe e abraçado ao meu pai. Nós três estávamos sorrindo e parecíamos muito felizes. Segundo minha tia, aquela fotografia havia sido tirada alguns dias antes da tragédia que ceifou a vida dos dois. Era a única recordação que eu possuía dos meus genitores.

— Como pode? – perguntei sobressaltado. — O que está acontecendo aqui?

— Está acontecendo que você acabou de salvar a si mesmo.

— Dá para ser mais específico? – meus pensamentos estavam completamente desordenados.

— Vou lhe explicar – disse-me ele. — Quando você dividiu os seus bens materiais com os seus familiares, substituiu a ganância pela caridade. Quando usou parte do seu dinheiro para livrar o inimigo da ação dos justiceiros, você trocou o ódio pelo perdão e, quando deixou de lado a mochila com o dinheiro e optou por salvar o menino, você substituiu o egoísmo pela solidariedade. E foi desta forma que acabou salvando a si próprio, substituindo sentimentos menores pelo amor ao próximo.

— Quer dizer... – eu não encontrava palavras nem para fazer mais perguntas.

— Relaxe! – acalmou-me. — Não tente entender tudo de uma só vez. Você terá muito tempo para compreender o que se passou.

Quando voltei a olhar para o menino, notei que ele havia desaparecido.

— Onde está o garoto? – perguntei pateticamente.

Ele riu.

— Estou olhando para o menino neste momento. Aquela criança está exatamente aí! – e apontou para o meu coração.

Fiquei profundamente emocionado com a revelação do meu amigo. De certo modo, eu conseguia sentir a presença daquela criança vibrando dentro de mim. Liberei um sorriso ingênuo e permiti que duas lágrimas saltassem dos meus olhos e banhassem a face.

Capítulo 17

O arquipélago

Devemos ter ficado um bom tempo dentro daquele bote salva-vidas, mas a provisão de água e biscoitos de que dispúnhamos, apesar de limitada, abasteceu-nos suficientemente.

Às vezes, revezávamos no manejo dos remos, mas, a maior parte do tempo, meu companheiro dizia para deixarmos o barco seguir o curso natural das ondas.

Eu confiava e obedecia, pois tinha certeza de que ele sabia o que estava fazendo. Então, apenas relaxávamos e conversávamos nesses momentos.

Um dia, avistei, ao longe, um amontoado de pequenas ilhas. À medida que o barco se aproximava, o nevoeiro finalmente ia se dissipando de minhas retinas e eu começava a enxergar a paisagem com toda a nitidez.

Era uma linda manhã de sol ameno. As ilhas eram recobertas por uma vegetação baixa, de um verde exuberante que se mesclava em várias tonalidades. Dentre as árvores, filetes de água cristalina serpenteavam, formando pequenas cachoeiras que desaguavam no mar.

Em cada uma daquela infinidade de ilhotas, havia uma casinha pintada em cores bem suaves e um barquinho amarrado ao ancoradouro. Gaivotas incrivelmente brancas promoviam uma espécie de balé, deslizando suavemente sob a tela azul do céu.

— Que lugar maravilhoso é este? – perguntei entusiasmado.

— Estamos no Arquipélago dos Pacíficos, um dos tais lugares onde o dinheiro não tem valor algum.

— Por que viemos para cá?

— Por merecimento seu. A única maneira de chegarmos a um lugar desses é nos libertando das coisas que nos mantêm acorrentados às negatividades, ou seja, tornando-nos mansos e pacíficos. Todos os que vivem aqui já chegaram a esse patamar evolutivo.

— Você se refere a coisas como o dinheiro, por exemplo?

— Não o dinheiro necessariamente. A riqueza, quando bem empregada, é uma sagrada fonte de progresso, caridade e redenção. Eu falo da ganância, do egoísmo, do orgulho e da arrogância que o dinheiro quase sempre provoca em quem o possui em demasia.

Mas não são somente questões ligadas ao dinheiro; podemos listar também, entre essas coisas negativas, os sentimentos inferiores, como, por exemplo, a mágoa e o ódio.

Meu amigo falava sempre com um tom de serenidade na voz, mas eu não consegui evitar o constrangimento. Como não percebera por mim mesmo o quanto minha alma estava carregada de negatividades? Como eu fora egoísta, ingrato e rancoroso! E o pior é que precisara passar por tantas situações aflitivas para me dar conta disso.

Analisei o que ele havia acabado de falar e comentei, com profunda sinceridade:

— Eu não sinto que tenha superado os meus sentimentos negativos. Como posso ter merecido vir para cá?

— A humildade que você demonstra ao admitir a sua limitação é também uma bela virtude, que reforça a sua determinação em se melhorar. Eu não disse que precisamos ser perfeitos para virmos para cá. Na verdade, o mundo dos que atingiram a perfeição é infinitamente superior a este. O Arquipélago dos Pacíficos é a morada de quem já se conscientizou de que deve melhorar e deu provas cabais desta melhora, como você fez neste período em que estivemos juntos.

Como eu continuasse com cara de quem pouco entendeu, ele decidiu esclarecer de uma vez, tudo o que estava acontecendo.

Capítulo 18

Esclarecimentos

Largando os remos, meu companheiro de viagem aproximou-se, olhou profundamente em meus olhos, e disse:

— Meu irmão! Embora você tenha a sensação de estar sonhando, tudo o que está lhe acontecendo é real. Veja por si mesmo.

E mais uma vez ergueu a mão direita e a espalmou defronte à minha testa. Cerrei os olhos e tive a sensação de ter sido projetado no espaço, viajando mentalmente para algum lugar distante dali.

De repente, eu estava sentado em um banco, no corredor de uma clínica médica. À minha frente havia uma larga porta branca de duas abas, com um letreiro vermelho sobreposto, onde se lia UTI.

Eu me encontrava totalmente só e o imenso corredor estava deserto, quase em penumbras.

Algum tempo depois, a porta se abriu e dois médicos saíram do quarto. Achei que fossem falar comigo, mas nem sequer me olharam, embora ficassem conversando bem próximo a mim.

— É... Infelizmente, não houve jeito! Perdemos mesmo o paciente. – disse um deles, dando um longo suspiro.

— Também, com a gravidade do aneurisma que o acometeu durante o sono, seria um verdadeiro milagre se conseguíssemos salvar a vida do infeliz. O homem deve ter sangrado durante horas, pois o aneurisma ocorreu à noite e a empregada, que chega ao apartamento dele às 7 horas, só descobriu o ataque quando foi chamá-lo para tomar café.

— Já avisaram os parentes?

— Não. Parece que não possui parentes na cidade. É um desses sujeitos estranhos e solitários. Vive praticamente no anonimato. Ouvi dizer que seus familiares vivem em uma pequena cidade do litoral, mas que há anos não têm qualquer contato.

— Que pena! Um homem ainda tão novo, bem-sucedido, o futuro todo pela frente...

— É a vida. O que se há de fazer?

Sofri um choque terrível ao ouvir aquele diálogo, pois percebi logo que os médicos se referiam a mim. De repente, fui novamente projetado no espaço e quando dei por mim estava dentro do pequeno barco, olhando com incredulidade para o meu amigo, que apenas sorria com amabilidade.

— Mas, como? Então, eu morri? – questionei, com o coração aos trancos, os olhos arregalados, apalpando meu próprio corpo.

— Você se sente morto? – perguntou ele, com um tom de voz brincalhão.

E eu tive de admitir que mais uma vez fizera uma pergunta desnecessária.

— Mas, quem é você, afinal? – insisti.

— Sou um mensageiro, um guia espiritual, ou, se preferir, pode me chamar de anjo da guarda, ou simplesmente de amigo. Para mim, tanto faz – brincou.

— E aquele dinheiro? Como é que minha família pôde receber a minha doação, se já estou...

— Morto? – e desta vez ele deu uma sonora gargalhada.

— Afinal, minha família recebeu ou não o benefício?

Ele me encarou seriamente e explicou:

— Amigo, há muita coisa que acontece num determinado mundo por vontade e merecimento de quem está em outro. Os seus parentes foram localizados pelos advogados da empresa onde você trabalhava e seus patrões fizeram questão que eles recebessem uma indenização. Foi dada a eles a quantia exata que você doou. E, diga-se de passagem, suas vidas melhoraram muito e eles são muito gratos a você.

— E a questão do Gregório e a Ilha dos Justiceiros?

— Ali foi mais um teste que você enfrentou e que, felizmente, teve bom aproveitamento. Durante muito tempo, você incorporou o papel de um justiceiro dominado pelo ódio, que só pensava em vingança. Por isso, era importante que observasse, na condição de espectador, como funciona a ação de um justiceiro e fizesse a sua escolha. Naquele momento, os sentimentos de amor, perdão e solidariedade falaram mais altos, provando que no seu coração são esses sentimentos que prevalecem. O que valeu, nem foi tanto o valor pago pela libertação do seu inimigo, embora o seu desprendimento também tenha contado bastante. Porém, o fator mais importante foi o perdão que você concedeu a ele, libertando os dois daquela inútil algema mental que teria impedido a sua chegada a este lugar.

Analisei as palavras do meu companheiro e percebi a grande mudança que se operara em mim, durante aquela viagem. Como o meu conceito sobre valores havia se modificado!

E a constatação desta mudança me fez sentir um homem inteiramente renovado em ideias e sentimentos.

Capítulo 19

Reencontro

O barco começou a singrar na direção de uma daquelas ilhas e, como já não havia nevoeiro algum a limitar a minha visão, pude enxergar, de uma boa distância, um casal que nos aguardava na praia.

— Quem são eles? – perguntei ao meu amigo.

— Olhe bem – disse-me. — Veja se não os conhece.

Então, lembrei-me novamente daquela velha fotografia e constatei que o casal que ali se encontrava era o mesmo que estava comigo na foto. Não havia dúvida de que eram os meus pais que me aguardavam com visível ansiedade.

Uma incontrolável emoção tomou-me por inteiro. Assim que o fundo do barco tocou na areia, saltei e corri de braços abertos em direção a eles.

Então, nós três nos abraçamos e choramos juntos. Minha mãe, após beijar-me, misturando nossas lágrimas, afastou meu rosto com as duas mãos, olhou-me nos olhos e exclamou:

— Oh, meu filho! Você é realmente lindo!

E virando-se para o meu pai:

— Eu não disse que ele ficaria parecido com você?

Papai se afastou um pouco, olhou-me de alto a baixo e exclamou:

— Realmente, nosso filho se tornou um belo rapaz!

E voltamos a nos abraçar.

Ficamos um bom tempo enlaçados, envolvidos por uma indescritível comoção. Foi como se eu houvesse incorporado aquela criança que salvara do navio e que, segundo o meu companheiro, vivia dentro do meu coração.

Ah!, como foi bom estar nos braços dos meus pais, depois de tanto tempo, absorvendo aquele sentimento tão puro e sincero, aquela vibração intensa de amor e proteção!

E permanecemos naquele enlevo maravilhoso, até que, a certa altura, meu amigo me disse que precisávamos ir embora.

— Ir para onde? – perguntei decepcionado.

— Aqui ainda não é o seu lugar definitivo, mas você estará bem próximo e poderá visitar os seus pais sempre que desejar.

Olhei para minha mãe com um ar de desapontamento e ela retribuiu com um terno sorriso. Meu pai, fazendo um gesto com as mãos, encorajou-me:

— Vá, meu filho! Teremos muito tempo para ficarmos juntos daqui por diante.

Capítulo 20

Epílogo

Embarquei no bote e segui com meu companheiro em direção à outra ilha que realmente ficava bem próxima àquela. Enquanto nos afastávamos, meus pais acenavam, sorridentes, demonstrando imensa alegria pelo feliz reencontro.

Em poucos minutos, o barco se aproximou da outra praia, mas dessa vez não havia ninguém nos esperando, o que me deixou bastante desolado.

Então, eu pensei em todos aqueles anos em que vivi solitário em meu apartamento, fugindo de familiares e amigos, tendo por companhia apenas dois sentimentos negativos que se tornaram o único sentido da minha vida: a frustração provocada pela precoce orfandade e pelo amor não realizado com Marina e o ódio por não ter conseguido me vingar do Gregório.

Naquele momento me convenci de que havia passado grande parte da existência vegetando inutilmente, provocando um atrofiamento doloroso em meu coração. Quanta oportunidade eu perdera de compartilhar amor com as pessoas do meu convívio, aliviando assim as minhas próprias dores! Quanta solidão inútil! Quanto desperdício de tempo!

Agora, a praia deserta e a desconfiança de que deveria viver sozinho naquela ilha provocou um aperto aflitivo em meu coração. Eu não queria mais continuar solitário. Reaprendera a amar e precisava partilhar este novo momento da minha vida.

O meu amigo, vendo-me cabisbaixo e desolado, mostrou mais uma vez que tinha o dom de ler os meus pensamentos. Disse, fazendo uma breve carícia em meus cabelos:

— Ei! Que desânimo é este, rapaz? – apontou para a casinha branca, cercada por uma variedade de árvores frutíferas, com duas pequenas janelas voltadas para o mar. – Veja quem está nos observando.

Dessa vez, a sensação que tive foi a de que meu coração realmente explodiria. Era Marina que estava à janela, olhando-nos, com a mão espalmada sobre os olhos.

De repente, ouvi quando ela gritou o meu nome, saiu em disparada por uma porta lateral e correu em nossa direção.

Desembarquei no exato instante em que ela chegava à praia e se atirou em meus braços e, abraçados, rimos e choramos ao mesmo tempo.

Beijamo-nos ardentemente, aliviando a saudade de tantos anos, e falamos coisas desconexas, sem qualquer sentido lógico, mas que nos confortaram imensamente.

Somente um tempão depois foi que me lembrei do meu companheiro e o procurei para agradecer, mas o barco já havia se distanciado da praia.

— Espere! – gritei. — Preciso falar com você... Agradecer-lhe...

Ele apontou para o alto e gritou entre risos:

— Agradeçam a Deus! Ele é o grande responsável por tudo isto! Eu sou um simples mensageiro e apenas cumpri a minha obrigação.

— Mas... – tentei dizer qualquer coisa que demonstrasse a minha gratidão.

— Está tudo bem! – voltou a gritar o meu amigo. — Minha missão está cumprida. Vocês, por seus próprios méritos, conquistaram uma nova chance. Procurem aproveitá-la melhor desta vez. Até um dia! Cuidem-se! Estudem, trabalhem e abracem todas as oportunidades que surgirem nessa nova morada. Ah, e lembrem-se: jamais tenham receio de amar!

E, antes que eu pudesse responder, a pequena embarcação foi se desintegrando, como fumaça que se dissipa ao vento, e desapareceu de vez.

Em meu peito, um antecipado sentimento de saudade daquele leal companheiro ameaçou eclodir.

Mas, Marina não permitiu que eu me entristecesse. Pegou-me pela mão e, em silêncio, conduziu-me em direção à pequenina casa branca, onde nos aguardava a felicidade que no passado, por alguma razão importante, não nos fora permitido desfrutar.

Em minha memória, a frase dita pelo meu amigo nunca mais foi esquecida:

"Agradeçam a Deus! Ele é o grande responsável por tudo isto!"

E, desde que cheguei ao Arquipélago dos Pacíficos, eu e Marina o fazemos todos os dias.

Fim